乙姫から浦島太郎に告ぐ

乙姫から浦島太郎に告ぐ

大坪　奈保美

白山
CREATION

Hakusan Creation
www.hakusancreation.com

Design and illustrations by William Ash

ISBN: 978-1-935461-02-9

Printed in the United States of America

目次

乙姫から浦島太郎に告ぐ

1

序文にかえて

学生時代のことだった。
バイト先の学生服販売店の主人が
せまい事務所におかれたイスに腰をおろし
タバコをふかしていた。
それまで 制服をうれしそうに試着する子どもたちと
その母親でごったがえしていた店内は
すでに静まりかえっていた。

その道35年の人間は
店の盛況ぶりに満足したのか はたまた疲れたのか
こっちをみてつぶやいた。

「人の気持ちなんて〜ものは あてになりゃしない。
店の評判をよくするのには 5年もかかるのに
それが悪くなるのには 3日とかからない。
みんなすぐに忘れてしまうのさ。
百年の恋も一時に冷めるってやつと同じだな」

なんとも味気ない話である。
まだ恋愛を夢見る女の子の前で
人間どうしの愛情と 客の店に対する評価を
一緒くたにしてくれたのだから。

それにしても
何かのきっかけで気持ちが変わろうとするとき
それまでの記憶が役にたたないのは どうしてだろう？
命がよろこびのうちに織りあげたときが
簡単に変色してしまうなんてことが
どうしておきるのだろう？

記憶というものは
そのときの感情波によって型どられた
はかない憧憬にすぎないのだろうか。
脳内スクリーン上で
千変万化する映像にすぎないのだろうか。
そんな怪しげなものを 人はときに
過去として振りむき しかもそれにまた
一喜一憂されながら生きるのだろうか。
冗談だろうに。

でも もしそうならば
「この人こそ」と思える人に出会えたら
私のような好き嫌いのはっきりした人間には
奇跡のようなことなのだから
二人の優しい時間を書いて「記録」してもっていよう。
「あなたが存在するなんて とてもステキ」
そんな驚きをずっともっていたいから。

独りよがりの善悪に踊らされて
腹がたったり 思いまどうときは
百年を一時で忘れないように
一時のうちに百年を感じられるように
二人の「時の記録」を見なおそう。

生き物どおしが互いに感じる
愛おしさが
よみがえってくるにちがいない。

それは 心をも貫いて流れてくる
命そのものの絶対音。
完全に調律されたその音の波は
裁くことに疲れた心に
なつかしさいっぱいの大波を 広げてくれるだろう。

出会い前

亀を守った時間

乙女たちへ

女子大の入学式の日

「あなたたちねぇ〜」

教授が生徒の顔を一通りみまわすと　太々しく言った

「これでひと安心と思っているでしょう
あとはエリートをつかまえるだけだと
思っているでしょう

でもねぇ
シンデレラは　王子様に出会って
シンデレラになったわけじゃないの

シンデレラは　王子様に会う前から
シンデレラだったの

この意味　わかる？」

初老にちかいこの女教授
今でも語りつがれるほどの大恋愛の末に
独身を貫いて研究に没頭してきたという

それから　あっという間に4年がたち

あーでもない　こーでもないと
すったもんだしたあげく　やっと就職をきめて
卒業前のゼミにでたときだった

「生まれてきた以上……」

目の前の生徒が　立って言った

「わたしにも　人の役に立つ仕事を
神様が　きっとくださると信じて
これからも　生きていきたいと思います」

それまでは　いることさえも気がつかないような人だった

　　　　この人
　　　　　　　　きっと
　　　　　　　　　　　　シンデレラ

あれから月日はすぎれども
大学の入口と出口でもらった
自らを生きることへの励ましの言葉

乙女たちよ　ありがとう　私も大好きだよ

秋の予言者

セドナの本屋で　セドナの写真集をみる
ほかの惑星にいるかと思わせるような
赤い岩からなる山々
そこを　小川のように低く流れる雲
炸裂する銀河のように色づく木々

この景色を人生の鏡に映すことを選び
三ヶ月がすぎようとしている
これでいい　ひとりっきりだけど……

ページをめくる私に　見知らぬ女性が声をかけてきた
「今年の冬は　とても長いそうよ」

我が身の冬がかさなって
「あ〜」と　つい本音がため息となって出る

女性は笑った
「でもね　いいことを教えてあげる
ここの冬はね　とびきり美しいの」

そう言って　私の手から本をとりあげると
フイルムを早送りするかのように
先のページを開いてみせた

そこでは　山々がうっすらと
純白の雪をかぶって
いっそう　赤々と燃えていた

　　　セドナの冬よ　来るなら　来い
　　　私の白い息を抱きこんで
　　　岩壁をのぼれ！

（注）アメリカ合衆国アリゾナ州セドナにて

ある日ひとり

　　　空を
見あげる

　　　何もないので
　　　　　　　うれしくなってしまう

　　　私は　歓び

勇気の孤独

自分から
人に話しかけることができた日は

どんな人も
美しくおもえる

大気が
きらめいて見える

どうしたものか　自分よ
何もそこまで　孤独になるな

お星様へ

天空にまします数々のお星様

丸ければ
宇宙で　うまくまわっていられます？

それとも

まわっているうちに
あの手この手で　宇宙が
丸くしにかかってくるんですか？

それとも

何でもかんでも
遠くにおいてしまえば
丸く見えてくるってもんですか？

つまり
距離をおくってことですね

銀河の龍

抱きあって眠る人びとは
なにを抱いて　眠っているの

抱くことで　抱かれるから？

わたしは　いや

慰めあうように　抱きあうなんて
いたわりあうように　抱きあうなんて

絶対に　いや

銀河と銀河がぶつかって
ひとつになるように　渦まいてやる

空き部屋

まあ
なんて　からっぽ

みごとに　からっぽ
ずっと　からっぽ

でも
それでいいの　わたしの心よ

それが　なにより
ほんとに　なにより

今しばらくは
そこでおとなしく　しておいで

鶴と鬼

やけになって　私のラジカセを投げて壊した子供が
折り鶴と手紙をくれました

　　　おねえさん　ごめんなさい
　　　ほんとうに　ごめんなさい
　　　ゆるしてください　かなしいことをするから
　　　かなしいことが　おきるんです
　　　かなしいことがなくても　しあわせに
　　　気がつけるようになったら　ぼくはもっと
　　　しあわせになれるとおもいます

まだ8歳のブッダさん
もう　手つなぎ鬼から一抜けて
急がば回れで　しゃばの外

愛しい宮沢賢治様1

雨ニモ気づかず
風ニモ気づかず
病ニモ　貧困ニモ気がつかない

ただ……

笑いすぎて　あごがはずれても
まだ「ヒーヒー」いって
笑っている

そんな人に　わたしはなりたい

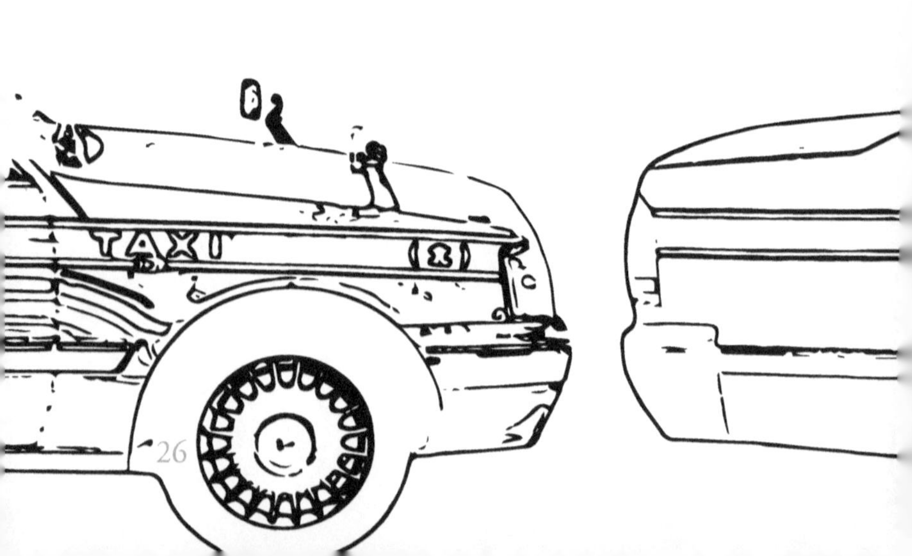

シンデレラの馬車

真夜中の宴会は
ただの　かなしみ

目の前のタクシーは
ただの　かぼちゃ

かぼちゃよ　かぼちゃ
今日のは　白いな

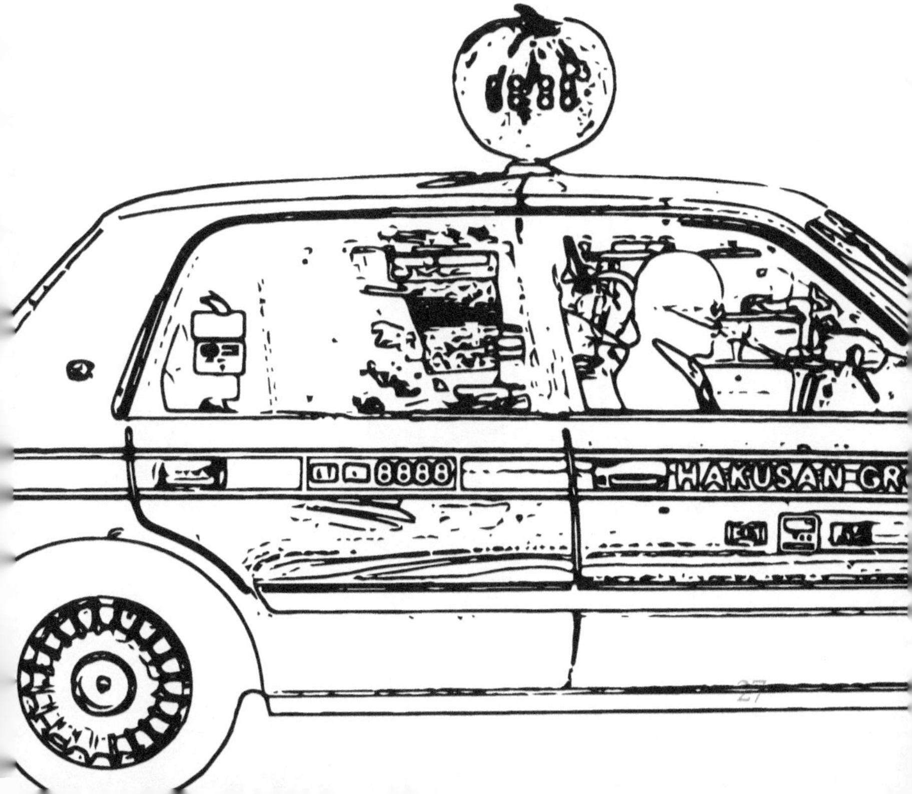

私は泣かない

自分の葬式
他人の葬式

死んでから
泣いて感謝するよりも

向いあった「ありがとう」を
わたしは選ぶ

宇宙の法則

犬のあたまをなでる

コロコロと　なでる

なぜか　自分が　うれしくなってくる

すごいことが　おきている

犬と女

おなかを天にむけ
ひっくりかえっている犬

自分も横になって　その腹をかいてやる

手をとめれば
犬は目玉をうごかし
気持ちだけ丸くした前足で

「もっと　もっと　おねがいします」

この広大な宇宙で
柔らかい腹をかいてもらっている犬と
その顔をながめている女がいる

星よ　遥かなる銀河よ
このふたつの生き物の鼓動が　聞こえるか！

わけのわからない宇宙に
ちんまり置かれながらも
私たちだって生きているんだ

星よ　遥かなる銀河よ
私たちから流れでる　この調べを聞け！

ハローワークへの道

昼さがり　小さなお兄ちゃんが
今はまだ　つかめるはずもないつり革に
ひっしに手をのばしている妹に
ききました

「ねぇ　でんしゃ　すき?」

あ〜　なんていい　質問なんだろう
まるでみんなして　雲にのっているみたい

栗

「どうしよう。どうやって生きていこう？」

ふて寝をしていた娘が　テーブルに
腰をおろせば　向かいにすわって母がいう

「栄養があるわよ」

バリバリと　殻を割ってならべていく
目の前に　きれいにきれいに　ならべていく

　　　ひとつ　ふたつ　みっつ　よっつ……

おい　そこの栗！
食べれば　この先　見えてくるか
食べれば　母の強さが　身につくか

放送受信停止のご連絡

泣きつかれ　ねむりにつけば
夢のなかで声がする

「なんとか酔いが　さめたようだなぁ〜」

いったい　どこの無礼もの？
わたしを「酔っぱらい」という人よ

けれど　ほんと？
たったそれだけのことなわけ？
真面目に泣いて　単なる泥酔？
意識が不明？　行方不明？

もし　そうならば
この世は　みんな酔っぱらい
千鳥足の大行進

でも　そうならば
とってもうれしい
そこに大きな救いがあるものね

もうこれからは　自分にいってきかせよう
「酔っぱらい　立ち入り禁止」

冬

ひとりの　休日に
いちめんの　雪
みつめる　わたし
音のない　わたし

薬

泣くわけは
いろいろあるけど

泣き止むわけは
ひとつだけ

内なる神を　おもいだすから

ほんと　これだけ　一生　これだけ

ブレない生命体

家のせまい階段で
駆けあがってくる犬と　すれちがう

「どちらまで？」

完全ムシされても　な〜んか　うれしい

こたつと犬

こたつに入って　ひとつ
新年の抱負などを書いてみる

　　　今年こそは　ポジティブで
　　　前向きで　刺激的で
　　　変化にとんだ……

おや！　ここまで書いていると
犬が部屋に入ってきた

よ～し
　　　かいてあげる

そ～かぁ
　　　気持ちがいいのかぁ

な～んだ
　　　あくびまでして

いいよ
　　　ここで　ゆっくり寝ていきな

あ～
　　　ほんと　おまえには……ムリがないなぁ

月からのお迎え

夜の十時の月明かり
母が迎えにやってくる

エプロン　つけて
運動靴　はいて
ピョコン　ピョコンと　やってくる

ちょっと太めの　うさぎさん
月から飛びでて　いちもくさ
餅つきやめて　いちもくさ

やっぱり　わたしは　かぐや姫

タヌキ　待つ

夜十時
遠くの電信柱の影から
タヌキが　一匹　飛び出した

そいつは　こっちをみると
ゴルフの空うちをはじめた

街灯のした
出っぱった腹が　ゆれる　ゆれる

ちょっと　も〜　お父さん！
そんなので　あしたのコンペはどうするの

絶体絶命

姉の赤ちゃんが
あまりに神々しいので
こっそり聞いてみた

　　　私の結婚について　天国で
　　　神様か　ご先祖様が
　　　なにか　言っていなかったかなぁ？

赤ちゃんは　急に……真顔になった

Oh, my God!

お願い！　泣くのだけは　やめてー！

春の心にな〜れ

春のまわり道は　空

みんな
まわっているから

とりあえず
春もまわっている

しかたなく　まわっている

春よ　春！
こんどは　どんな春にしましょうか？

風をうけながら　遠くの日だまりを見る

霊のささやき

車両のどこかから
聞こえてきた　わらい声
自ずとなごむ　我が心
　　　　あっ　だいじょうぶ
　　　　まだ　わたしはいる

女はムリ

むかし
花が好きな女になりたかった

今は
花を想う人になりたい

ただ
それでいい

もう
それでいい

予知夢

青い海
ひかる波間を　一匹の
大きな亀が　泳いでいる

島が　すぐそこに見えている

　　　亀よ……カメ

　　　もうすこしだ

恋愛

化学反応をしている時間

あなた

春の日

白い

ワシが

舞いおりて

そっと

よこに

とまった

出会い

こんなにうれしそうに笑うひとに
出会ったことがなかった

あなた
笑うのは　おかしいから?

いいえ　きっとうれしいから
心のどこかが永遠に

でも　いったい何がうれしいの?

あなたとともに笑ってしまえば
私にも　その訳が
わかってくるような気がするの

でも　いったい何がおきてるの?

あなたとともに笑ってしまえば
私はもう　後戻りが
できなくなるような気がするわ

呼び水

あなたは　赤くなってしゃべる

ほんとうに　うれしそうに笑う

それが人を　おじけさせる

「あんな風にしていたら　世の中　生きていけない」

そうつぶやいて　思わせぶりに置きざりにする

けれど　私にはわかる

あなたの笑みは　呼び水
命の呼び水
人の心の奥底へと　注がれていく

だから　ためらうことなかれ　美しいあなた

解放前線

あなたは私を　唐突に解放した

「結婚には　興味がない」

最初のデートで　そう言って
いきなりひとを　無法地帯になげこんだ

「きみの時間をムダにしたくないから
最初にいっておくよ」

ずうずうしいにも　ほどがある

「きみという人を　もっと知りたいんだ」

それで　なんだっていうの?

「いっしょに　楽しく遊びたい」

近所のガキじゃあるまいし

でも……本当は　私も
そこから始められる人を待っていた

みんな魂があるの　ステキなことなの
その声が　聞こえてくるの
その声を聞きながら　生きていくの
オーディションにのぞんで
夫婦役をもらっても　この私
どれだけ台本どおりにできるやら
化けの皮はすぐはげて　かぶり直せば直すほど
きつくなっていくにきまっている

だから　そこのあなた！
コーヒーにも手をつけず　私のこたえを待っている男よ

両親の離婚とともに　自らも
法の外にでてしまい　ひとり仁王立ちして
この世の夫婦をにらんでいる魂よ

私も　あなたを　そこから解放しよう

だるま

落ちつかない
何かが　変わっている

あ～　落ちつかない
なんとも不得手な　この感覚

でも今回は
その上に　座ってやる

だるまになって　座ってやる

私の頭よ
いいじゃないか　それで

心のほうは
いいと　言っているぞ

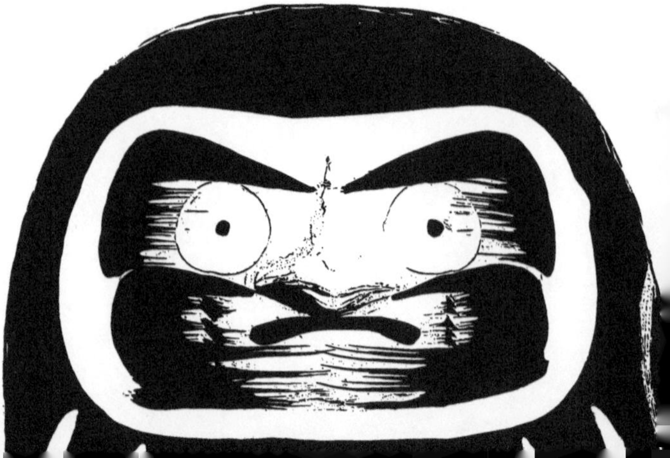

恋愛のはじまり

ふたりで

ひとつの　花になる

まるい花びら　と　うす桃色

窓をあければ

あなたと　生をわかちあう　いま

ふて寝していた時間が　ついに起きだして
「うれし〜い」　といった

歓びのあまり　炸裂して
何千もの花びらに　なってしまった

　　　ほら！　もう
　　　空のあんなところを　漂っている

もうひとつの履歴書

ある日　あなたは
これまで自分につけられたあだ名を
すべて紙に書き出して　説明しはじめた

　　　肉屋でエプロンをつけてバイトをしていたら
　　　級友にみつかって「肉屋」と呼ばれつづけ

　　　先生にまちがって「ベティー」と呼ばれたら
　　　そのあとみんなにそう呼ばれて　からかわれたとか

紙に書かれた十あまりのあだ名は
あなたが私に差しだした履歴書
四カ国にまたがる人生を　何よりも語ってくれる

愛しいあなた

今は　私がつけた新しい名が　いちばん好きなんでしょう
そこには　思い出にかかわる何の音も　まじっていないもの

その新しい名を
あなたがこの先一生　愛せるような人生になることを
私は　心から願っています

愛しい宮沢賢治様2

デートに平気でおくれつづける私に　あなたは言ったっけね
「本当は　ぼくに会いたくないんだね」って言ったっけね
魂の居場所がわかるほど　私の胸は痛んだっけね
せめて
いちばん　大切なものを
いちばん　大切であると知って
いちばん　大切にできる人になりたいと　思ったっけね

玄関

小さな玄関で

たがいの靴ひもを　むすびあう

あぁ　花びらが　ふってくる

ビッグ　バン

あなたの名を　呼んでみる

小鳥の　さえずりのように　呼んでみる

あっ！　空間が　広がった

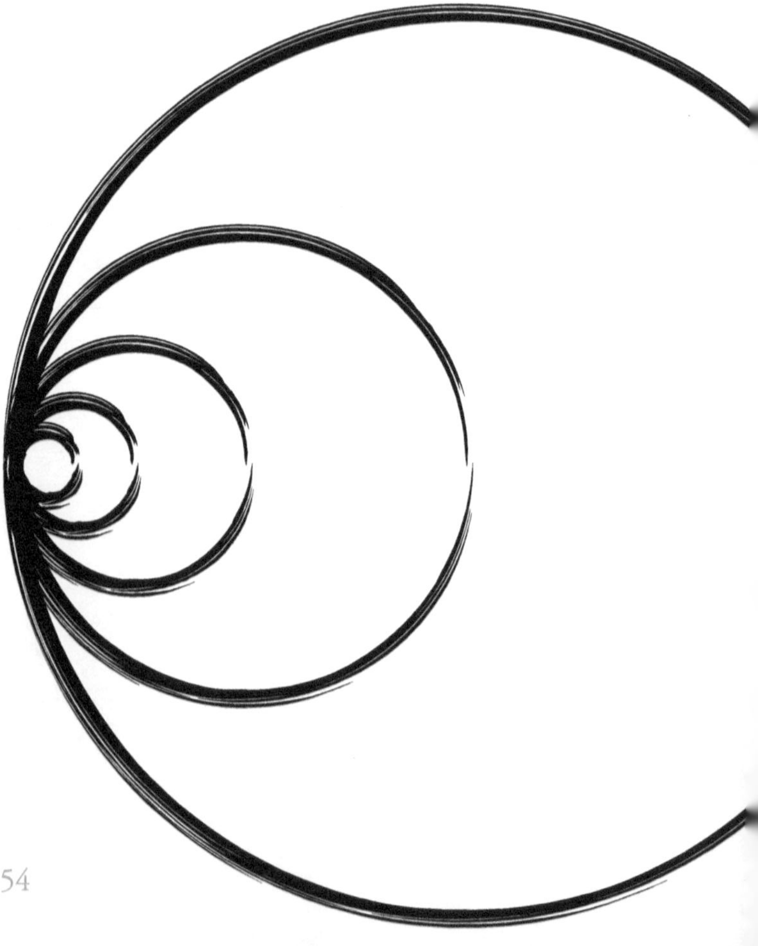

ビジネスホテル

旅先で
あなたを想う

わたしの心よ
おまえは　いつの間にか
一人歩きをやめたのだね

花びらの心

鳥たちは
　　　　翼をもった花びらで
　　　　　　　　はるかな園を　空にうかべる

私は
　　　　想いをもった花びらで
　　　　　　　　はるかな園を　あなたに映さん

六月のデート

もえぎ色は　水のかおり
アジサイの森を　ながれていく

今日　ふたりは　森の魚

夏

雲の帽子をなげすてた　わたしの心
はじめての　おしみない光にいだかれて

すこし　モジモジ
どこか　ヒリヒリ

無言

もしもし

ドーナッツを右手に
本を読んでいるあなた

目の前の　あなた

お願い　左の手で
耳の穴なんか　ほじくらないでくれる

もしもし

私はもう
空気と　おなじなわけ

いいわ　それなら

いっそのこと　この頭に……
パイナップルでも　かぶってやる！

疑惑

あなたは
パスタを食べながら
本をよんでいる

あなたという人間の
目と口が
別なものを追っている

どうして　そんなことが
同時にできる？　同時にする？

流れる優しさ

何年前だったでしょうか
ご先祖様のお墓に　連れていってもらいましたね
庭の花を　二人でお供えしましたね
あのとき　祖父と長女と三人で暮らすあなたは
曲がった腰をして花を摘みながら言いました

「もう　おじいさんが運転できないから
花屋にいけないのよ」

私は言いました

「庭のお花を供えてもらえるなんて
ご先祖様にとっては　最高の供養じゃない」

今日は　そのお墓に　あなたを訪ねてきました
あなたの人柄のせいでしょうか
今　自分の涙さへも　美しく流れているように思います

あなたが　田舎に残した長女は
バス停で私を迎えたときに言いました

「よくきてくれた　さびしかった　もっと早くにきてほしかった」

おばさんは　私から離れませんでした
私は　思わず彼女をだきしめました
戦前生まれの生涯独身のその人を
人目もはばからず　恋人のように抱きしめました
そうせずには　いられませんでした
そうしなければ　一生後悔するように思えたのです
おばさんは　歯にかむこともなく
私の背に手をまわして　じっとしていました

おばあちゃん
私たちをそうかりたてたのは
あなただったのではないでしょうか？

いまは天国で　何をしているのでしょう
またおじいちゃんと　いっしょですか？
なぜか　大きな笑顔しか浮かびません
私はしあわせものです
神様の次に　願いごとをきいてもらいたいような人を
祖母にもてたから

どうぞ安らかに　今日は
あなたの庭の花と　私のすきな詩をそえて帰ります

ヘソ

わたしは
ヘラヘラ笑っているだけの　女じゃないの
言いたいことがあるの

でも祖母が　よく言っていたの

「腹がたっても　その日には　言ってはいけないよ
言わなくていいことまで　口から出てしまうからね」

だから　わたしは
ヘラヘラ笑っているだけの　女じゃないの
待っているの
わたしが言いたいことを
あなたが理解できる日がくるのを

だから　笑っていられるの
わかる　この気持？

我慢なんて　とんでもない
遠慮なんて　ありゃしない
まちがっても　物わかりのいい女だなんて
思わないほうが　身のためよ

でも　まさか……
あなたの微笑みも　同じこと？

ひょっとして……
そんな顔して　じっと時を待っているの？

もしそうならば
お願い！　気をつけて

すみませんが
うまく時をえらんでね

わたしは　プライドが高いのよ
すぐヘソが曲がるのよ
そうなったら　もう……誰の手にも負えないのよぉ

言葉というもの

こんな日に　聞こえてくるのは祖母の声

「ありがたいことに
言葉は　ただなのよ
いい言葉をつかいなさい」

それなのに
吐き捨ててしまった私の言葉

神様　せっかくですが
しばらくは　有料にしてください

日曜日のデート

教会の鐘が　十回つづけてなりました

そのあと人々は
思い思いに　歌いだしました

なんて　陽気な心でしょう

鐘の音をおって　みんな
空へとのぼっていきます

　　　あなたも私も
　　　もう　雲のうえ

ほら！　もう　雲のうえ

二羽のハト

あなたは　歩きながら言った

「きみは　センチメンタルだけど　ロマンチックじゃない」

わたしは
豆鉄砲を食らったハトになる

「すっごい！　すごい！　大当たりー！」

ひどく感心され
あなたも　豆鉄砲を食らったハトになる

美しいうぬぼれ

まあ！　ありがとう

あなたがくれる花は　みんな　わたしに
似ているような気がするわ

ふたり旅1

特急の窓の向こうに　海が見えてきた

　　　　「あぁ　日本海だ！」

初めてみる日本海　曇り空を映す気迫の海
トンネルを抜け出るたびに　ひとり　あなたは声をあげる

　　　　「あぁ　日本海だ！」

愛しい人
この日あなたは　車両の中のだれよりも
たくさんの日本海を発見したのでした

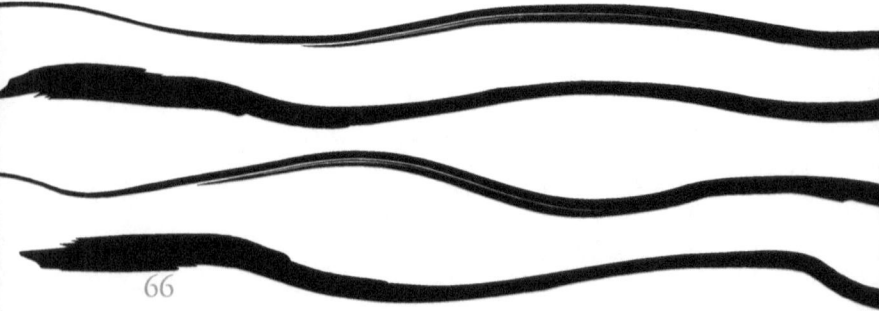

ふたり旅2

北の駅で　窓をあけて身をのりだす

　　　「おべんとう屋さ〜ん」

う〜む　なんかいい　ひびき

もう一度　言ってみる

　　　「おべんとう屋さ〜ん　ふたつくださ〜い」

ふたり旅3　化けの皮

どうしたものか？
北陸の駅の喫茶店で　上りの夜行列車をまちながら
私はすっかり冷めていた
あきれるほど　別のものになっていた
わけもなく　突然にそうなっていた

「東京にもどったら　もう……」

思いがくねれば　視界がくもり
どんどん今が　いやになってくる
みんな　いやになってくる
「さびしい駅ねぇ」などと　つぶやいてみては
ほとほと困ってじっとする
あなたの視線をさけようと　本をとりだしてもみる
けれど　拾い読みする目は　何の音も拾えない
意味もなく　開いては閉じ　開いては閉じをくりかえし
しばらくしてやっと聞こえたのは　短い言葉だった

「万物は神の命」

見慣れた字にもかかわらず　その音に背骨が立った
あぁ　そうだったのか

私はこれまで　自分の足で歩いたことなどなかったのだ
自分の幸福を　ただこうして他に頼ってきたのだ
あれが　これがといって　頼ってきたのだ
目の前のあなたにも　頼ってきたのだ
あなただって　かけがいのない神の命
それを　自分のえさにしてきたのだ
なんて　浅ましい……

またしんみりと縮みこみながら　あなたを見れば
ずっとこちらを見ていたような瞳が問いかける
「なんの本？」
その響きにこたえて　口を動かそうとすれば
すっかり情けなくなっていたからだに
ヒタヒタとよせてくる　あなたへの思い
言わぬ先から　口元をも温めるような
「ありがとう」という和やかな親しみ

あなた　先のことは見えないけれど
この「ありがとう」の動機でさえ
今はまだ　わからないけれど
私は　あなた自身のために
あなたの内なる神を尊ぶ人になろう
恋人であろうがなかろうが　それが
私があなたを想う気持のすべてとなるように

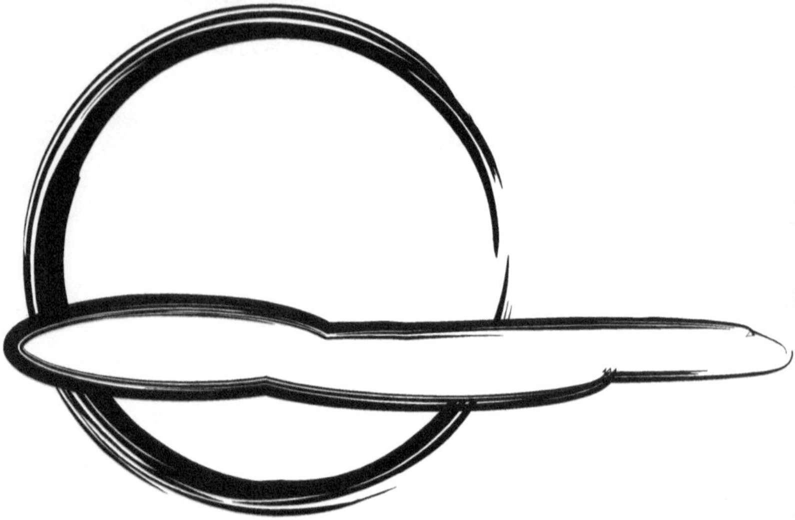

恩寵

話すことができない問題を
心のなかでためるほど
わたしを見る
あなたの瞳が澄んでいく……

言葉をこえて　この人に
救われていると知った　夏の日

踊り場

うれしいことがあったとき
あなたにも　喜んでほしい
でないと　空しくなる
私はあなたを知って　弱くなってしまったのか？
あなたの「祝福」が
私を一大事にする　太陽へと打ち上げる

これは　困った……私ともあろうものが

虫

あなたの枕にだきついて
うとうとしていると
元気に鳴いてるヤツがいる

秋の虫よ　じゃまだ
昼間はいったい　何をしていた？

恋人たちの朝食

ふたりとも　パンの耳がすきだけど
半分ずつ分けあって　とてもうれしい
こんな気持ち　すべての人にもてたなら

逆流

長い命のいとなみのなか
今　あなたとわたしは
向かい合ってゲームをしている

こたつに広げた地図のうえ
相手の城を攻めようと　怪獣の駒をすすめている

とりかえしているんだよね……子供のときを

ふたりが子供といわれたとき
いっしょには　いられなかったから
ここでともに時間をさかのぼり　空白のときをうめている

今　ふたりでいるということが
そういうことであるのなら
わたしは　とても　うれしい

ひとり遊び

セーターの袖をゆわく
足蹴りをする
口に指をつっこんで　横に広げる
鼻の穴にむけて　チョコボールを投げる
シャツのボタンを　ちぐはぐにつける

いとしい友人よ

あなたは怒らないで　笑っている
こちらのすきを　うかがっている

いとしい友人よ

二人のなかで　また何かが
ひとり遊びをしているわ

奇跡の人

彼の芸はうまくない

ボールを落とし
バトンを落とし　自らも
積みあげた椅子の上から落ちる大道芸人

でも　みんながわらった
彼を囲んで　わらった
彼が今　そこにいてくれるだけで
うれしかった

そういうひとが　奇跡の人

反射する人

あなたが

　　　うれしいと

　　　　　　かがやく　わたし

永遠に

　　　くもることなかれ

　　　　　　わたしの　鏡

　　　　　　わたしの　鏡

　　　くもることなかれ

永遠に

　　　　　　かがやく　わたし

　　　うれしいと

あなたが

反射する人

美しい願い

輝きたい
もっと　もっと　輝きたい……

この強い思い
いったい　どこからくるの
だれのため？　自分のため？

いいえ　ほんとうは
愛してくれる人のため

心から
あふれる光の「ありがとう」

子供がいちばん　それを知っている

だから　よくお聞き　わたしの自我！
あんたの出番なんかじゃないの

巡る春

風が　すこし暖かい夜

あなたは
私の手をひっぱり
民家の垣根へとつれていった

あぁ　夜にかおる沈丁花

あなた
また　春をありがとう

音楽室

いつの日にか　愛する人と
聖歌のような時を織りつづけていきたいと
願ったあの日々

今　私の部屋には
あなたがくれたパレストリーナの曲が流れている

願いとは　こうして叶っていくものなのか
デジャブーとなって　現れてくるものなのか

だとしたら　道は　私の前ある

心よ　ありがとう
時空をこえ　先を　歩みつづけてくれて
ありがとう

私はこれからも
あなたを大切にするよ

あの人が大好きなあなたを
大切にするよ

沈黙

つぶやきを　ひろって
つぶやきをひろってください
この世には
出れこれない言葉が
たくさんあるんです
どうか　大きな鳥になって
高いところから
つぶやき見つけてやってください

わけのわけ

言いわけをしたのは
あなたに　勝とうとしたからではありません
勝った負けたなんて　どうでもいいのです
さみしかったのです
そうです　こどもです
思い知らされています
だから　腹が立っているのです

一人歩き

秋
ひかりという
ガラスのなかを歩めば
あなたへの
もろもろの思い
みな沈黙して　散りつもる

柳の枝になりたい

つまるところ……

やさしさが足りませんでした
訳をきいてみる
そんな気持ちにもなれませんでした

つまるところ……

どちらが良い悪いをこえて
やさしさが足りませんでした

悲しいことです

プライドと本音

やっぱり　謝ろう
とにかく　謝ろう
なんとか　謝ろう

本当は　自分の音が　狂ってきているのだから
窓の外の雨音が　そう教えてくれているのだから

さあ　一気に流れていこう

雨あがりの花

どうにか
赤い花束を
あげることができました

　　　　「ごめんなさい」

あなたは黙ってうけとると
花束から一本を抜いて
わたしの仕事場に　かざってくれました

ありがとう　やさしい人

わたしたちの職場に
いま　バラとなって
お互いの心が咲いています

高く高く

あの人の微笑みは
風のながれ
涼やかな息吹をはこんでくる

けれど　自分の心が微笑んでこそ
その笑顔も見えてくるというもの

されば
私の心よ　わらいたまえ

あの人の心をも　その声にのって
さらに高く　上っていけるよう

さあ
声をあげて　わらいたまえ

木　そよぎたまう
風　運びたまう
空　晴れたまう
光　澄みたまう

音の庭

何をなげく？
恋することと愛することは
ちがうから？
ぜんぜん　まったく　ちがうから？

それでも 戸惑うことなかれ
内なる想いを音にして
そっと　この空間へ放とう

それが　ほんとうの愛ならば
音は　色とりどりの花となり
あなたの心に　咲きかえる

それで　いいじゃないですか

さあ　今日もまた
星なる音の庭へと出ていこう

定期的調律

ひとの心は　オルゴール
出てくる音は　光のかけら
鳥が　くわえて飛べるよう
かる〜く　かるく　してあげます

もしも音の調子が狂ったら
花びらいっぱいつめこんで
宇宙の波間へうかべます

ゆら〜り　ゆらりとしたままで
ゆら〜り　ゆらりと星の波

耳をすましていれば　そのうちに
「ただ贈りたかった」ことを思い出す

そうしたら　もう　一目さに帰るだけ
愛しい人が住む星へ　銀河をけって　帰るだけ

ひとの心は　オルゴール
出てくる音は　光のかけら
鳥がくわえて飛べるよう
かる〜く　かるく　さらには
まるく　してあげます

地上天国

もしいま
自分が死んだなら
きっと思うだろうなぁ

もっとあなたのことを　感じればよかったって

あぁ
せっかく別々のからだをもらったのに
なんてことだろう

新番組放送のご連絡

私にできる精一杯のことは
心のなかの美を信じること

そんな自分を
偽善者だと裁く声がするけれど
自分のことを　そんな風にしか理解できない自分は
ほっておく

利己的な倦怠感よ　さようなら
もう　酔っぱらいにはもどらない

今はただ
自分の心のなかにだってある美を信じること
その美だけが宇宙で唯一の存在であると
ひたすら信じること
その美を通じてだけ　すべてのものと
つながることができると信じること
本当に今は　それで十分だと思う

　　　だから　ごめんなさい
　　　もう　ほかのことは　しません

花の涙

思いがけず
道ばたで　花などもらった日は
神が　話しかけてくれたような気がする
　　　　自分を信じていてよかったと
　　　　人混みのなか　涙　流れる

星になる

夜　静かにしていると
だれでもなくなってくる
だから　静かにしていよう
詩人たちのことでも思って　時間をとめよう
いや……こんな夜は　おとなしく寝よう

　　　　おやすみ　おやすみ　もう　いいんだよ

満ちてゆく月

冬の月に　手をのばし
ふたりで　いくつもの真珠をすくう

すくっては　もどし
すくっては　もどし

やがて

あなたは　そっとふたつをポケットに隠し
わたしは　次の夏まで　そのことを知らなかった

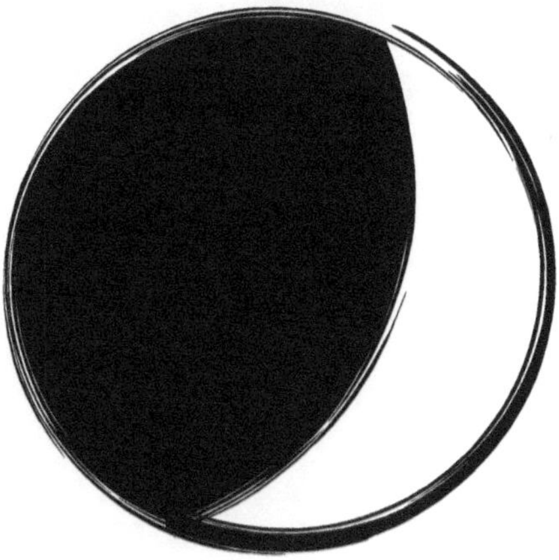

道程

あのとき私は　あなたを許した
　　　あなたらしくない
　　　あなたの実相を信じる　と言った

あのときあなたは　私を許した
　　　完璧な人間などいない
　　　他人を裁ける人などいない　と言った

あのとき
　　　私の信心は　あなたのくもりをとった

あのとき
　　　あなたの慈悲は　私のとげをぬいた

人生のここそこでの　二人の「あのとき」よ

ケミストリー

けんか別れして　独り歩きすれば
とんでもない所で出くわす
別の部屋にいても
磁石のように　背中から
からだがくっつこうとする

距離も思考もこえ
私というエネルギーが
あなたに反応しているというのか

これは　恋愛というものじゃない
エネルギー体どうしの「化学反応」だ

　　　風が生まれるように
　　　稲妻が生まれるように
　　　星が生まれるように

しかも　今回のこのケース
たいへん　珍しい現象をおこしている
たいへん　貴重な事態をまねいている
これを無視したら
あとは宇宙のチリとなるばかり……ひとつ腹をくくるかぁ

タカはあなた

初夢のなか
あなたとわたし
畑でナスを収穫していた

むかいあって
おしゃべりなどしながら
そのうしろで　富士が輝き
手の中のナスは大きく

きっとこれからのとき　ふたつの心
ひとつになって歓びを流れていく

翌日　嬉しくて
この話をすれば
あなたは首を傾けた

「タカはどこ？」

空に生きる

ハヤブサの夫婦は
生涯　ずっと
いっしょに　いるんだって

いいなぁ〜

桜の魚

力をぬいて　まいりましょう
桜の花ふる　春の道

花びらの　海にふたりで飛びこんで
はるかかなたに　まいりましょう

それは　ピンクの潮の道

プカプカと　流れていればそのうちに
チャプチャプと　戯れることを覚えだし
気がつけば　花のウロコにつつまれた　桜の魚になっていた
そんなときがくるでしょう

そうしたら
龍宮城まで　ひと泳ぎ
ふる里に
もどるような気持ちで　ひと泳ぎ

そこで仲睦まじく暮らしましょう
ずっといっしょに暮らしましょう

さあ　力をぬいて　まいりましょう
桜の花ふる　春の海

婚約から結婚まで

つながる時間

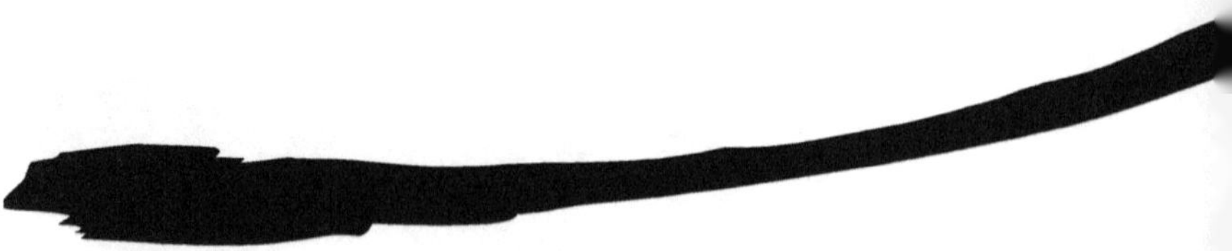

空が見ている

あなたは
ふたつの真珠がついた指輪を　さしだしました

「結婚してくれる？」

祝福のひだまりは
山の頂き　標高3000メートル
真夏の空が　ふたりの契りの証人となりました

指輪をうけとりながら　私は言いました

「うん……うん」

けれどそのあとも　ずっと山びこが
「うんうん」をくりかえしていました

信頼と尊敬

あなたは一度も
「愛している」と言わなかった
だから私は　あなたを信じられた

私も一度も
「愛している」と言わなかった
それが　あなたの魂への敬意だった

わたしたちは
愛の意味を知らないことを知っていた
けれど　愛という音の魔力を知っていた

「好きだよ」
だけがうれしかった
その正直さが　なによりもの誠実さだった

この3年間　愛という言葉で
お互いの心を麻痺させなかったわたしたち

だから私は　あなたと結婚する

結び力の計り方

これからも
ずっといっしょにいるのなら
ときどき自分に聞いてみよう

わたしは　今
あなたが心から歓ぶことを　知っているだろうか？

あなたは　今
わたしが心から歓ぶことを　知っているだろうか？

婚約異次元1

腰をまげ
　　　　首を傾けて
　　　　　　　　郵便受けの夕刊をとる

往来を
　　　　斜めに
　　　　　　　　人がすぎていく

それだけで
夕刊をとるということが
とても美しいことに思える

私は　今　どこの星にいるのか？

婚約異次元2

笑うと
みんな　花になる

風がながれ
いっせいに上をむいて
そのまんま　消える

みんな　みんな　消える

ただ　鼓動だけが
時空にとどまって
波を描きつづけている

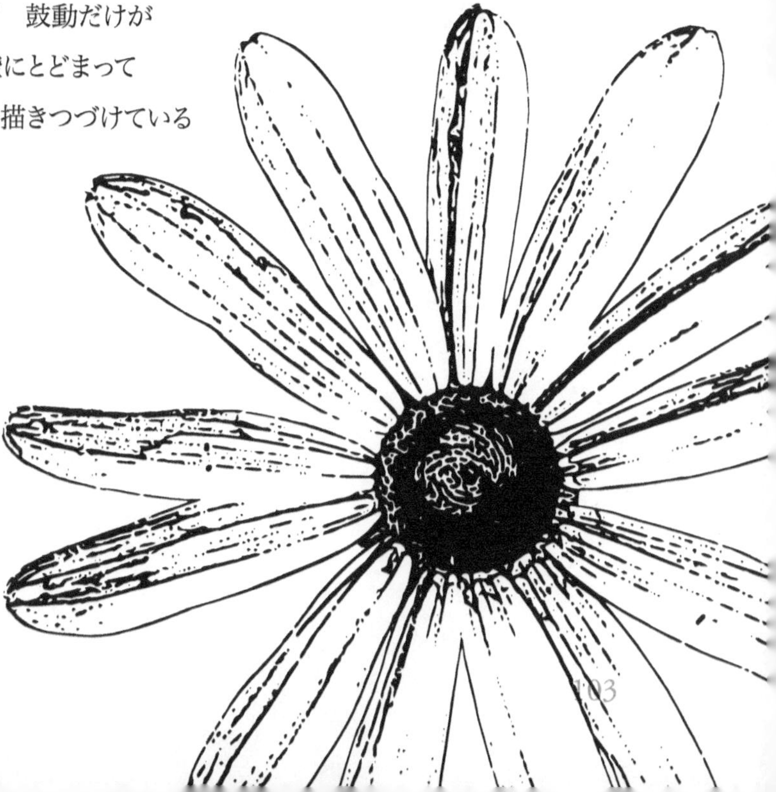

婚約異次元3

どうして
月が見えるように
造られているのかな？

片手に月をのせて
毎日　毎日　まわっているあの巨人は
いったい何者だろう

それにしても
なんとも　楽しそうだなあ

「今日はちょっと　遅れちまったー」と　いっていたなあ

婚約異次元4

あなたと
わらって流れていく時間

ふたりで
天へと　昇っていくような

ひとり
地下へと　降りていくような

縦の静けさよ

婚約異次元5

外からもどって部屋に寝ころび
ふと起き上がってみれば　目の前に
大仏が立つ

こうして　いつも知らぬ間に
部屋に生けられてきた　母の花心よ

この幸せの真っ最中に　あるまじき強度で
不安がわたしの心を縮ませてくる夜
それは一糸乱れぬ完全さを保って
口をきいた

　　　くじけそうになったら　がむしゃらにならず
　　　美しいものの傍らに　いけばいいの
　　　私のなかに　顔をつっこめばいいの
　　　ほんとうに美しいものは　優しいもの
　　　こうしてずっと　教えてあげているでしょう
　　　覚えておくのよ

琴の神様

夜中まで　アメリカへの荷造りを手伝ってくれる母
部屋中におかれた段ボール箱をみて　言いました

「この流れを　止めてはいけないのね
そうすれば　すべてはうまく巡っていくのね」

孤独を受けいれ　孤立を脱し
母はついに　霊的つながりを感じとりました
大好きな琴を弾いていると
琴がいろいろなことを　教えてくれるのだそうです

愛のなかに命の祝福を感じ
それを信頼する勇気があるからこそ
霊性に身をたくして　生きていけるのですね
小さなことにも　誠意をつくせるのですね

神の想いとは
母のような人のなかを流れていくのでしょう

神様　母を導いてくださり
どうもありがとうございました

消化中

食事中　父がつぶやいた

「マミちゃんが結婚したときは　仕事をやめようかと思った」

私が平然としてきく

「なんで？」

無神経さにむっとして　父の口がついすべる

「あんなに遠くに　嫁にいっちゃって」

ここで口を閉じたものの
なんの同情も得られないことをみてとると
椅子にのけぞってつけたした

「数年は　だめだったなぁ」

私は　黙々と箸をすすめながら思った

　　　　姉が結婚をしたのは　8年も前のこと
　　　　この人は　今になってやっと
　　　　自分の気持ちを言えるようになったというのか
　　　　それも
　　　　私のアメリカ行きの追い打ちにたえきれなくて
　　　　前のショックを吐き出しているというわけか?
　　　　世話が焼けるったらありゃしない

その晩　私はこっそりと姉に電話をした
父のはなしをすると　姉は言った

「お父さんに……
　　　　『大切に生きるからね』って　伝えておいて」

そう涙声で言って　電話をきった
父と同じ日に生まれた長男が　ウンチをしたから
おしめを替えなくてはいけないそうだ

可視

父が
昨日は　引越の荷造り用にと
ひもを買ってきた

今日は　コンピュータを入れる
精密機械輸送用のめずらしい箱をもらってきた

明日は　いったい何を　どこからもってくるのやら?

これまでの人生で
二回しかほめてくれなかった父よ
もう　わかったから

信号が変わります

神様　あなたが大好きです
しあわせは　あなたでできています

「神が私たち二人を　世界一しあわせにしてくれます
ありがとうございます」

こう唱えつづけていたら
あのひとが　本当に輝いていきます
風のなかを　かろやかに
私の手をひきながら　進んでいきます

こんな日には
「神がすべてものを　世界一しあわせにしてくれます
ありがとうございます」

そう言いつづけたら
みんなが　みんなの手をとって
輝きはじめるかのようにさへ思えます

波動

結婚式がまじかに迫った日
母と食事にでかけた
今度はいつ　こんなことができるのか？
そんなことを思いながら　話をしていたときだった
突然　心がひとつの思いにつつまれはじめた

「すべてのものの願いを　かなえてあげたい」

なんて善で　純粋な祈りよ
いったいどこからきたのだろう？
わたしのからだは
その祈りのなかで　陽炎のようにゆらいでいた

これは　わたしのものではない
絶対に　わたしのものではない

心よ　この感覚をおぼえておこう

人は真に満たされたなら
すべてのものの幸いを
そのままに願っている存在になる

そして　その思いには
無理も　憂いも　心配もない
ただ　歓びそのものなのだ

だから　たとへ他人の幸福を祈っていても
内にこの歓びの感覚がないのなら　本当は
祈っている自分こそが　神の幸いからは
ほど遠いところにいるのだと知るがいい

さあ　これからの日々　問いつづけよう
「すべてのものの幸福を　今　歓びのうちに祈れるか？」

その答えこそが
鏡以上に　自分の有り様を教えてくれるだろう

親友

神様　人間にとっての歓びとは
巡り会う命が
神の生命の美であることを
「感じる」ことなんですね

何かをしたからうれしいとか
何かをなし得たからうれしいとか
そういうことじゃ　ないんですね

歓びの波動を感じることで
増幅　循環させることが
日々を幸福に生きるってことなんですね

巣立ち

最前線に立つ
自分のなかの　すべての自分の　最前線に立つ
結婚する

心による脳内整理

昨夜　こんな夢をみた

徒競走の場面で
みんなが必死に走って　抜きつ抜かれつしている

そんな中　ひとりの女の子が
うしから盛り返してゴールをしようとしたとき
急にその子の脳裏に
子供のときから世話になってきた人々のことが
次々とうかんできた

なぜか　とてもありがたくなって
「どうしてでしょうか？」と
だれにとも知らず　心のなかでその子が問えば
「人間が　神の最高実現だからです」と
こたえる声が聞こえた

夜明け　ひとり目覚めて思う

人間は　本当にみんな
つながっているのかもしれない
感謝の気持ちが
その連結路を流れているのかもしれない

結婚式1

私は　山に登ってきた
こうしてあなたと　登ってきた
まだまだ高く　登っていく
ゆっくりゆっくり　登っていく
そして　山頂に立ったら　空をあおぎ
ふたりして　大声で話しかけるのです

　　　お父さん　お母さん　ありがとうございます
　　　わたしたちは　こんなにも幸せです

結婚式2

歓びを
あなたとともに　ふりまいて
天の花を
地にも咲かせん

終わりに

あとがき

この詩集には、20代後半の独身から結婚にいたる30代までに、揺れ動きながら変わっていった心情を、詩によるひとつのストーリーとしてちりばめました。101編の詩は、1990年前後の6年間に書かれたものです。

「もし本当にそういう人がいるのならば、いっしょに成長しながら生きていきたい」という思いを心の奥底に抱きながら、「何を愛するのか？ 幸福とはどうすれば見えてくるのか？」と悩み考え、仕事も私生活も、めまぐるしく変化していきました。

50代になった今、当時の若さと率直さにあふれた詩を読みかえして、あの時期をこうして自分をみつめながら抜けたのかと、懐かしく感じています。同じような思いを抱いている方々に読んでいただけたら、こんなにうれしいことはありません。

本のイラスト、デザイン、編集は、すべて夫であるWilliam Ashによるものです。またタイトルは、私の6歳の時の体験がもとになって出てきました。

幼稚園の演芸会のとき、私は先生から乙姫役を授かりました。「海底の楽園、龍宮城」の姫様です。これほどワクワクするような経験はないはずです。

ところが、全くその気になれませんでした。先生が浦島太郎に選んだ男の子は、おかっぱ頭をし、いつも鼻水をたらし、おまけにそれを泥で汚れた手でふいていました。私は、なんとその手をにぎって、連日、踊りの練習をしなければなりませんでした。

演芸会の当日、幼稚園の一室で、私は母に衣装を着せてもらっていました。母が徹夜で仕上げてくれたフリフリの青いドレスをきて、手にはなぜか魔法の杖をもち、頭には、これまたボール紙に金の折り紙をはった王冠をかぶっていました。緊張して不安は頂点に達し、私は母に泣きつきました。
「きっとまた、手がきたないよ。にぎれないよ。どうしよう。」
母は、笑っていいました。
「今日は、大丈夫よ。」
そして、いよいよ本番がきたのでした。

私は、一瞬、立ちすくみました。浦島太郎が、なんと美しかったのです。ハンサムどころではありません。切れ長の目にすっとした顔立ち、おまけに態度も堂々としていて清々しい。こっちをみて自信満々の笑みを浮かべ、手をさしのべてきました。その手の……清潔なこと。それからは、もう記憶がありません。私はただ、輝くばかりのプリンス太郎と龍宮城で楽しく踊って、舞台を無事、終えたのでした。

この演芸会の台詞や踊りのことは、ほとんど記憶にありません。ただ、今でもはっきりと覚えていることは、浦島役の男の子の変身ぶりで、彼の本当の美しさが、この日には私にも見える形で現れたことでした。おそらく先生には、それがもとから観得て(みえて)いたのでしょう。でも私には、手についた鼻水しか見えなかったのです。

この詩集のタイトル「乙姫から浦島太郎に告ぐ」は、なんとなく出てきたものですが、おそらくこの幼少の時の驚きがいつも心のどこかにあり、以来、自分のなかの乙姫が、自分のなかの浦島太郎に何かを伝えようとしているのかもしれません。

ともあれ、私にとって龍宮城は、すべてが本来の美しさに輝いて見える心の場所であり、詩を書く原動力として、常に、自分の中で働き続けているように思います。

大坪　奈保美

1961年生まれ。「歓びを生きる」という信念のもと、宗教や団体にとらわれない心の旅を続けている。現在、自然豊かな北米メイン州にて、夫とニューファンドランド犬とともに創作を継続中。詳しいことは、日英のバイリンガルサイトであるhakusancreation.comにて。

東京女子大学卒。翻訳家、ライター、衛星放送局にて詩人として働いた後、渡米。Bates International Poetry Festival, 2011に招待され、自作の詩を読む。主な訳書には「インディアンの愛」(Medicine Story著)地湧社、「Tibet 光との出会い」(WILL)地湧社、「アマゾン川」(偕成社)、その他。記事掲載雑誌、マリクレール等。

www.ingramcontent.com/pod-product-compliance
Lightning Source LLC
Chambersburg PA
CBHW021442080526
44588CB00009B/654
* 9 7 8 1 9 3 5 4 6 1 0 2 9 *